Silvana Brito

A fuga das palavras

ilustrações
Arthur Vergani

AUTORA
Silvana Brito

ILUSTRADOR
Arthur Vergani

COORDENADORA EDITORIAL
Renata de Sá

EDITORAS DE TEXTO
Bruna Perrella Brito
Sabrina Levensteinas

EDITORA DE ARTE
Marisa Corazza

PROJETO GRÁFICO E DIAGRAMAÇÃO
Camila Catto

REVISÃO
Camila Saraiva
Camila Cipoloni

Rua Alba, 88
Vila Parque Jabaquara, São Paulo - SP
CEP 04346-000
Tel.: (11) 3177-7800

Dados Internacionais de Catalogação na Publicação (CIP)
(Câmara Brasileira do Livro, SP, Brasil)

Brito, Silvana
A fuga das palavras : livro do estudante / Silvana Brito ; ilustrações Arthur Vergani. -- 3. ed. -- São Paulo : Editora DSOP, 2022.

ISBN 978-65-87565-88-0

1. Tecnologia — Literatura infantojuvenil 2. Telefonia celular — Literatura infantojuvenil I. Vergani, Arthur. II. Título.

22-99971 CDD-028.5

Índices para catálogo sistemático:
1. Literatura infantil 028.5
2. Literatura infantojuvenil 028.5

Cibele Maria Dias — Bibliotecária — CRB-8/9427

— JOÃO CARLOS, ACOOORDA! — gritou a mãe, que já estava ficando brava, pela terceira vez. — Você está atrasado!

"Sempre a mesma coisa", Joca pensou.

Levantou com preguiça, lavou o rosto, escovou os dentes e foi em busca do celular, "o inseparável", como sua mãe o chamava.

Joca olhou fixamente para o pequeno aparelho em suas mãos e pensou: "Adoro você, mas no meu aniversário vou pedir um modelo novo, igual ao do Roger! É da hora o celular do Roger".

Ligou o aparelho para ler as mensagens, como fazia todo dia, e percebeu algo estranho: algumas palavras correram para fora da tela. E saíram dali um **mas**, um **mano**, um **peraí**, um **blz**... *C o r r i a m* e desapareciam.

Ele tentou segurar as palavras, pegá-las pelas perninhas, mas não conseguiu, elas continuaram fugindo. Um desespero muito grande começou a tomar conta de Joca. Ele berrou:

— MÃÃÃEEEE, MINHAS PALAVRAS ESTÃO FUGINDO!

A mãe de Joca estava ocupada, envolvida na pressa matutina, arrumando a mesa do café, e tinha ainda de fazer o lanche e conferir a mochila do menino, antes de deixá-lo na escola e ir para o trabalho. Então respondeu, sem prestar muita atenção no que o menino dizia:

— Deixa de bobagem, Joca, quando eu voltar do trabalho vejo isso! — e pensou: "É cada uma que esse menino inventa".

No caminho para a escola, Joca, do banco de trás do carro, ainda tentou falar com a mãe:

— Mãe, minhas palavras estão fugindo do celu… — mas a mãe tinha de prestar atenção no trânsito e não ligou muito para aquela conversa de palavras fugindo.

— Joca, não me atrapalhe enquanto estou dirigindo. Mais tarde, depois da aula, a gente conversa, está bem?

Joca respondeu que sim enquanto olhava desconsolado para o celular.

As palavras continuavam fugindo. Foi então que um **talvez**, meio em dúvida, saiu do celular, olhou para todos os lados, levantou as grossas sobrancelhas e escapuliu.

Joca quase pegou essa! Foi por pouco.

“Essas palavras me pertencem”, pensou Joca. “Eu as uso todos os dias, elas são minhas! Como vou conversar com a turma, mandar recadinhos para a Bianca...?”.

Ah, a Bianca... tão linda... Sempre dizia:

— Deixa de ser besta, Joca! Pare com esses recados! — mas sempre respondia com um *emoji* feliz.

Segundo Joca, Bianca era a menina mais bonita do mundo. Ela se sentava na terceira carteira da segunda fileira, bem perto dele. Que sorte poder ver Bianca todo dia!

Quando ele não mandava nenhum recado, Bianca perguntava se Joca não estava se sentindo bem ou se ele estava com raiva dela. Por isso, ele sabia que ela gostava dos recados. Mas, se não conseguisse resolver o mistério da fuga das palavras, os recados não seriam mais enviados...

Como mandar recados sem palavras? Como conversar com Pedro e Roger? Em casa e mesmo na escola, nos intervalos das aulas, comunicava-se o tempo todo com eles pelo WhatsApp, eles eram seus melhores amigos.

"Ai, meu Deus! Será que vou ficar sem palavras para sempre? E agora? **E agora? E agora?!**", era só o que ele conseguia pensar. Precisava que suas palavras voltassem para o celular.

A mãe de Joca sempre implicava com ele, dizendo para sair um pouco do celular, que era muito novo para passar tanto tempo conectado. Ela dizia que havia vida lá fora, para ele ir jogar futebol com os amigos na quadra, mas era ela virar as costas e lá estava o menino grudado no celular. “Já sou bem grandinho”, pensava ele, “sei o que estou fazendo”.

Joca chegou à escola triste e cabisbaixo. O sinal tocou e ele guardou o celular para entrar na aula, mas não conseguia parar de pensar naquele mistério. Para onde estavam indo as palavras do celular? Ele nunca tinha imaginado o quanto gostava e precisava delas.

Esperar pelo intervalo foi terrível, parecia uma eternidade ficar ali com um problema como aquele. Foi a aula mais longa de sua vida. Ele queria urgentemente falar com a turma. Precisava conferir se era só ele que estava ficando sem palavras no celular.

Quando o sinal do intervalo tocou, ele saiu correndo em direção aos amigos, com o celular na mão.

— Não, Joca, o meu está normal — disse Roger.

— O meu também está normal — retrucou Pedro.

— O meu só não tem suas gracinhas — falou Bianca, com um sorrisinho.

O celular de Roger ainda tinha palavras, o de Pedro também, o de Bianca também e os dos outros colegas da turma estavam todos cheios de palavras. Mas, do dele, as palavras continuavam a fugir.

Os amigos de Joca deram risada ao ver um **rsrsrs** sair correndo e *rebolando*. Mas Joca estava triste e preocupado, então os colegas tentaram ajudá-lo a agarrar algumas palavras, mas também não conseguiram.

Um **tendi** *pulou* saltitante pelos corredores e fugiu sem deixar rastro, enquanto um **bora** *escapava* por uma janela.

Seguir as palavras era impossível, porque elas desapareciam logo que começavam a correr.

"O que será de mim agora, sem palavras no celular?", Joca pensou tristemente, "Eu as digito, mas elas não aparecem mais…".

A aula terminou, e cada um foi para sua casa. Joca não disse uma única palavra no caminho de casa. A mãe dele ficou observando, pois ele realmente estava abatido.

Quando chegaram da escola, Joca estava muito triste. Sua mãe se sentou no sofá e o chamou.

— O que está acontecendo, Joca?

Joca, com os olhinhos cheios d'água, como quem vai chorar, olhou para ela e respondeu:

— Todas as palavras do meu celular fugiram, mãe, não tenho mais palavras. Olhe! — e entregou o celular para a mãe.

Ela observou que o celular do garoto estava sem palavras mesmo. Ainda pôde ver a última palavra, o **tchau**, sair de fininho.

A mãe do menino parou por um minuto e ficou pensando. Joca sabia que ela era muito esperta e encontraria a solução para aquele terrível problema. Ele achou que a solução seria ganhar um celular novo e já estava torcendo. Mas, como sempre, ela o surpreendeu:

— Joca, se suas palavras fugiram, você não precisa de um novo celular, e sim de novas palavras. — Foi até a estante da sala, pegou um livro e deu para Joca ler. — Nos livros, você vai encontrar as palavras que perdeu e muitas outras.

Foi assim que Joca começou a ler os livros da estante para os quais nunca tinha olhado antes. Ele ganhou palavras novas e depois vieram os livros novos. E, então, encontrou as palavras que tinha perdido e descobriu como elas eram importantes não só para trocar mensagens no celular, mas para entender e descrever o mundo.

OLÁ, LEITOR E LEITORA!

Agora que você já se encantou com a leitura de A fuga das palavras, que tal conhecer um pouco mais deste livro?

A autora dele é Silvana Brito, que nasceu na cidade de Santo André, no estado de São Paulo, em 1961. Ela é escritora e tradutora, e nas horas vagas cuida de cinco cachorras muito espoletas. Em seus textos, costuma trabalhar variados temas inspirados no seu dia a dia. Aqui, o personagem principal é Joca, um garoto que tem, mais ou menos, a idade que você tem agora, e que é pego de surpresa com uma situação muito fora do comum. A história foi inspirada nas aventuras do filho da autora, que, como Joca, não larga o celular!

Este livro foi ilustrado por Arthur Vergani, que nasceu em Brasília, em 1992, mas cresceu em São Paulo. Arthur adora ilustrar usando lápis de cor, mas, para este livro, fez ilustrações digitais e as coloriu no computador.

A fuga das palavras é um livro do gênero conto. Você já sabe o que é um conto? É uma narrativa curta, com menos personagens que um romance, que costuma ser uma história muito mais longa (às vezes, enorme!) e complexa. Neste livro, você conheceu um pouco da história do personagem Joca e de seu dia a dia em casa e na escola, e acompanhou a trajetória dele enquanto as palavras fugiam do seu celular. Pôde perceber que as palavras são suas aliadas, não apenas para mandar mensagens, mas para descrever o mundo em que vive e ter acesso a conhecimento e diversas narrativas – como esta!

Além de contribuir para sua formação como leitor e leitora, este livro incentiva o reconhecimento, o respeito e a valorização da diversidade que nos caracteriza como seres humanos. É indicado para estudantes como você, do 4º ao 5º ano do Ensino Fundamental, de acordo com as habilidades e competências descritas na Base Nacional Comum Curricular e na Política Nacional de Alfabetização.

Nesta fase da sua trajetória escolar, você já consegue ler sozinho(a) e já deve ter desfrutado de uma leitura autônoma. Mas é sempre legal compartilhar momentos de leitura com a turma, com o professor e com a família. Aproveite essas oportunidades!